AF276205

SON MALOS TIEMPOS PARA LOS AMANTES

SON MALOS TIEMPOS PARA LOS AMANTES

El Hombre De Masa Cero

Valparaíso
EDICIONES

VALPARAÍSO POESÍA

Diseño de interior y maquetación: Chari Nogales
www.charinogales.com @chari_nogales
Imagen de portada: Silvia Rodríguez Ruiz
Ilustraciones: manuecontilde

Primera edición: octubre de 2025

© De los poemas: Francisco Machancoses

© Valparaíso Ediciones
C/ Fray Leopoldo, 7 bajo, 18014 Granada
www.valparaisoediciones.es

ISBN: 979-13-87538-83-5
Depósito Legal: GR 1507-2025

Impreso en España - Printed in Spain
Gráficas Gami

Pa' La Maruja.

SI YO ME CONTARA

Al que me pregunte sobre la envidia
le mando este poema y una bala
y si fuera yo mismo
la misma caja sin el texto, pero con el arma.

Porque no sé qué decirle a mi madre,
cuando me pregunta por la pena
yo le digo que está en el espejo,
que habla como si yo no la viera.

Y los días que por suerte o por peligro
me dirige la palabra,
me enseña fotos de un viejo
que por casualidad comparte mi nombre y mi cara.

Entonces el anciano me mira con pena
y si le pregunto qué es lo que le pasa,
solo abre la boca y habla:

«Ay, si yo me contara...»

Nos hemos equivocado todos.

CAPÍTULO 1

LA GLORIA

LOS NIÑOS SE RASPAN LAS RODILLAS

Yo de niño era ciego
pero la gente también.

Yo de niño no conocía niños
porque no los veía
y los niños hablan bajito
pero los fantasmas al oído.

Yo de niño era anciano
y padecía dolor de rodillas
y cervicales.

No podía jugar a la pelota
ni a la comba,
porque tenía heridas de niño
en un alma que no lo era.

EL GIGANTE

Desde esta azotea se ve al gigante
y creo que me está mirando.

Su camino ha dejado un rastro de ciudades derruidas,
huérfanos y escenarios de batallas campales.

Aquí no hay nadie más
y creo que me está mirando.

Al final va a ser verdad que me estaba buscando
para pelearse con alguien de su tamaño.

CÓMO GANAR A UN SUEÑO QUE JUEGA AL ESCONDITE

A veces los sueños se persiguen
mirando por el ojo de una cerradura,
asomando la cabeza por la rendija
y hablando bajito.

LA DIGNIDAD ES INTRÍNSECA AL HOMBRE

Si me preguntaran lo que más temo
podrían quitarme la cartera,
la casa y hasta la voz.

Pero me volvería loco
si cuando estuviera frente al espejo mirándome a los ojos
yo no me viera digno.

Ahí no me vuelvan a preguntar nada
pues no sabré hablar
si no sé ni quién soy yo.

MAMÁ ME DECÍA

Mamá decía que las cosas malas se iban
si tenía algo que quite el miedo y oro.

Ahora llevo encima dos monedas,
una que me recuerda a ti
y otra para cuando me quede pobre.

HIJO DE NADIE

Cómo haber aprendido a dibujar
si nadie me regañó cuando lo hacía en las paredes.

Dime cómo debería llamarte
porque no sé cómo funcionan los nombres
o los apellidos.

Suena divertido eso de
volver a casa
y triste la manera en la que dices la palabra huérfano.

Yo no sé qué es lo que me falta
y solo me surge la duda,

te pregunto a qué sabe la comida
cuando no es a supervivencia
o el amor
si no tienes dónde guardarlo.

DE DONDE NO SOY

Intenta no quedarte huérfano,
desterrado o extranjero.

Aunque quede bonito
el ponerle a la vida
un nombre que no es el nuestro.

HASTA DÓNDE PUEDE VIAJAR UNA PLANTA

La cultura que cabe
en una consonante nasal
y la nostalgia que se queda en casa
cada vez que huyes una frontera.

Por qué a veces dejo de
sentirme tan humano
al no entender la biología de una persona
que florece lejos
pero enraíza cerca.

VOLVER

Me pidió tiempo,

y yo le di tanto que volvimos al momento

en el que no nos conocíamos.

EL REINO DE LOS CIELOS SUFRE VIOLENCIA
Y LOS VIOLENTOS LO ARREBATAN

No me llenéis el barco de flores
si pensáis que he salvado la tripulación
con la idea de ser la primera vida en hundirse.

Estáis equivocados,
porque os he engañado con la ilusión
de que no existe una jerarquía
y de que no me importaría lanzar a algunos de vosotros a los tiburones
por evitar morir de hambre.

No sois los primeros que caéis en la trampa.

Dios ya me ha dicho que vendiera mil almas
aunque nunca haya salvado la mía.

LA VUELTA AL MUNDO

Escribo esto para dejar constancia
de que hubo una vez en la que no estábamos tan lejos.

Odio al mundo por tener esa manía de volverse más grande
cuando lo que necesito es tener menos fronteras y
aprender a echar menos de menos.

Pero que yo haya dejado de huir no significa que tú no sigas
    corriendo
hacia donde no puedo llegar.

Imagino que desde donde estás habrás encontrado a otra gente
    que huye
en direcciones parecidas a la tuya,
que conozcas a personas que tampoco son de quedarse
y consigas que el mundo se te haga más pequeño.

Mientras tanto, yo puedo esperar en casa a ver si da la
    casualidad de que das la vuelta al planeta y aterrices en
    algún lugar cerca de aquí.

Entonces, usaría otras palabras diferentes
para dejar constancia de que nunca
hemos estado tan lejos.

FÁBULA DE UNA HUIDA

Qué rabia el dolor de cabeza
de una persona que no sabe quedarse,
pero no quiere irse.

HAY UN LABERINTO, PERO NINGÚN HILO CERCA

Pensabais que podíais llegar aquí arriba con los mismos zapatos
con los que vais a misa.
Os avisé de que no tenía sentido que intentarais conquistar estas
    ruinas
sin evacuar antes a las mujeres y a los niños;
o que intentarais empezar una guerra que yo no pensaba librar.

Aun así, debéis saber que las trampas que tenéis bajo los pies
nunca fueron pensadas para vosotros,
sino para otros monstruos que fueran más tristes, más rápidos y
    más gigantes.

Pero ahora soy yo el que no entiendo,
si lleváis 3 vidas cavando para llegar aquí,
con la gente que habéis perdido por el camino
y que el único sol que tenéis es el que recordáis,

por qué seguís avanzando,
ya sea a pie o a gatas,
con la esperanza de que algún día entre hoy y el fin del mundo os
    mire a los ojos

y os abra la puerta.

ESTA ARMADURA NO TE AYUDARÁ A SOBREVIVIR

Desde que me abristeis en canal ya no puedo
frenar los impactos con el pecho.

Hay veces que, cuando los dolores alcanzan la velocidad del
    vértigo,
intento minimizar los daños absorbiendo el golpe con el esternón,
evitando la onda expansiva con la parte del cuerpo que más resiste.

De esta manera he parado incendios, balas, amagos e incluso el
    tiempo.
Aunque las cicatrices terminaran amontonándose unas sobre otras
y al final todo el tejido pierda toda habilidad que no fuera
prepararse para la siguiente guerra.

Podría haber durado así toda una vida.
Pero al final me hicisteis una operación a corazón abierto
para sacar el dolor que venía de dentro.

Desde entonces no me ha ido mal aun estando al descubierto,
he seguido manteniendo a raya al miedo,
y las cicatrices siguen ayudándome con los proyectiles que llegan.

He aprendido a hacer que las balas no penetren tan profundo,
a evitar que la piel toque el fuego
y a mantener la calma con el vértigo y el tiempo.

Sin embargo, todo tiembla y se derrumba
cuando son los corazones los que chocan.

UN POCO DE HOSPITALIDAD

El cuerpo lleva pidiéndome meses que le busque una cura,
los remedios de mi abuela no entienden el problema
y las heridas están que supuran.

No me atrevo a ir a que me miren por dentro
y que hagan como que buscan un problema que hay entre mis
    costillas,
ignorando las cosas que les digo cuando finjo que no me duele.

He entrado en un bucle desde donde lo malo y yo miramos
    hacia fuera,
esperando, temblando el momento en el que paren de hurgar,
y nos dejen en paz.

COMPARTIR EL EGO

No te confundas.
Yo si te miro por encima del hombro
es para guardarte las espaldas.

PERDER CONTRA UN RATÓN

Cómo puede ser que yo,
que he visto arder ciudades,
a niños huérfanos perder la esperanza por las calles
y he mirado a la muerte,
ahora me despierte sobresaltado y no pueda pegar ojo.

No entiendo cómo es posible,
que la fortaleza, los muros, los puentes que me guardan
y el ejército de dragones, gigantes y mentiras,
no hayan sido suficiente para evitar que entrara el miedo.

Y me doy cuenta de que lo trajiste contigo
escondido entre todas las cosas buenas que me has dado.

Desde que te has ido
las cosas que quedan son menos buenas
y el miedo más grande.

SI LO CORTÉS NO ME QUITARA LO COBARDE

Si lo cortés no me quitara lo cobarde,
habría estudiado lo necesario
para sacarte a bailar triste
en algún momento indefenso
en el que huyera más despacio.

LA HISTORIA NI SE OLVIDA NI SE REPITE

De la mala memoria siempre rescato el momento
en el que el universo imitó tu forma
y el destino empezó a gritar tu nombre
como si te conociera de toda la vida.

Para que cuando mirara una a una
las cosas que te hacen ser humano
las malas decisiones te tomaran como objetivo
y pareciera que el mundo ahora solo girara
para colocarme justo
y en todo momento
detrás de ti.

ESCRIBIR

Se dice de mí,
que nunca me han enseñado a hablar,
que da igual si hubiera nacido sordo o mudo
pero que cuando me hurgaron la mente
a través del oído
no encontraron más que alfabetos desordenados.

Y que antes de hablar, ya sabía escribir,
y que antes de andar, ya sabía escribir,
y que antes de comer, escribía
antes de jugar, antes de salir de casa,
antes de levantarme y antes de dormir.

Se dice que antes de soñar, escribía
y que antes de saber amar, ya sabía escribir.

Y ahora no me miren como a un extraño
porque habláis una lengua que no entiendo.

Y el día que muera,
será porque un cuchillo me sacará la tinta de las venas y las
    letras de los ojos.

Pero tampoco se preocupen,

porque habiendo escrito todo lo que sé
y habiendo visto que no aprendí a vivir,
no me busquen en la tumba
porque tampoco sabré morir.

SI ME DAS LA OPORTUNIDAD

Si me das la oportunidad, no te volverán a matar.
Llevas todo el tiempo que conoces dejándote partir
por gente a la que no conoces
y te estas quedando sin nada que trasplantar.

Creo que has perdido la cuenta de las cicatrices que tienes
y ya no diferencias las que están por curar de las heridas abiertas.

Se te ha olvidado que morir por alguien que no te da vida
no es de mártires sino de suicidas,
que todavía puedes recuperar lo perdido
y que el amor no duele.

Si me das la oportunidad haré que veas las cosas que merecen la pena,
porque prefiero arriesgarme al daño que no es mío
a tener que aprender a maquillarte los ojos cuando ya no vean.

TRES MAZOS DE CARTAS

Dios ha mezclado mal las cartas
y lleva años ya sin repartirlas por parejas.
Se suponía que a mí me tenía que quedar un comodín
para cuando vinieras
a desbarajarme los planes.

LA CAJA ELÍSEA

Si durmiera como si fuera agosto
podría enseñarte las locuras que ocurren
cuando la consciencia decide dar el sentido común a otros centros
y se marcha acompañada de una media sonrisa.

Pero solo entonces abriría las cajas que cuentan que no se abren
y donde se guarda un sueño,
protegido de miradas indiscretas y daltónicas
que insulten su forma con colores
que no tiene.

GEMELOS, MELLIZOS Y SIAMESES

¿Sabes ese espacio que va desapareciendo a medida que las manos se
  acercan?
Pues el otro día te encontré agachado y muerto de miedo justo ahí.

A veces creo que has desaparecido
y me olvido de que llevamos desde que no nos vemos
visitando al otro cuando las cicatrices dejan pasar la luz.
Es como si mi cuerpo recordara de repente un daño que ya no existe
y que ya no forma parte de mí,
como si hubiera perdido el brazo,
pero no la fuerza del puño.

En esos momentos envuelvo mi piel en un sobre demasiado grande
  para que quepa
y hago el amago de ponerle un sello con tu dirección.

Yo creo que Dios se equivocó al separarnos y nosotros confundimos
  las pertenencias,
porque tú te llevaste el abrigo por los dos
y yo todo lo que duele.

EL AMOR ES CIEGO

Si podré algún día escalarte las montañas
será por estar ahora derribado por avalanchas y terremotos.

Y sabré rescatarte del mar por haber sido pasto de la sal y de
    piratas que roban, amor,
y oro.

Podré conocerte solo
porque ya me he olvidado de mí y me he recordado aquí
    dentro.

Seré capaz de saber que serás tú porque te busco en la
    oscuridad y yo ya estaré ciego.

PETICIONES PARA UNA HOMILÍA EN CASA

Hace unos meses escribí un poema
en una hoja de papel a la que le quedaba poco tiempo de vida.
A los quince minutos ya nos habíamos olvidado el uno del otro,
yo en una casa que no era la mía
y el poema en un rincón debajo de la cama.

Cuando me voy a dormir y me acuerdo del destino,
pido ganar la guerra,
y no por mí,
también recuerdo el poema que tengo debajo
pero cuando me agacho a cogerlo no lo encuentro por ningún
  lado.

Ahora parece que el mundo tiene un mejor pronóstico
y que llevo meses sin tener que encender las alarmas.
La gente que me rodea ha dejado de huir a los búnkeres
y creo que están empezando a volver a quedar los domingos.

Y yo sigo un poco confundido,
porque aún sigo buscando el poema que creo que Dios confundió
  con una oración
y en el que pedía conocerte.

Eres mi cierzo.

CAPÍTULO 2

LA MUERTE

EL ASTRONAUTA

Hay un astronauta sentado al borde de un acantilado.
Lleva solo desde antes de que tuviera que salir volando,
y está hablando con el mundo.

Viene de donde se esconde el frío
y no se ha aprendido todavía todos los lenguajes del sistema solar.
Pero está en ello.

Ahora mira hacia la caída de la misma manera
que el vértigo le mira a él:
con el miedo familiar que conoce desde niño,
el respeto mutuo
y la idea de un futuro mejor.

El astronauta está hablando con el mundo.

La escafandra no deja ver,
pero yo sé que está llorando
mientras confiesa que no queda tripulación que no haya huido,
gastando todos los paracaídas.

Cuenta que el universo se le está empezando a quedar grande
pero la nave no está programada para aterrizar
y que estrellarse es la única manera que le han enseñado de frenar.

El mundo le contesta que le entiende,
que a él también le ha pasado lo mismo
y que si quiere se puede quedar a pasar la noche.

TRAPOS SUCIOS

Te he mirado a los ojos.
Estás apagando las luces de tus habitaciones poco a poco,
dejando en la penumbra las cosas que tienes a medio hacer.

Llevas despidiéndote de mí desde que nos conocimos
en un lugar que no nos pertenecía a ninguno
y yo llevo desde entonces
buscando un punto de agarre que te mantenga cerca un par de
vidas más.

Pero te vuelves más pequeño con cada miedo
y a mí cada vez se me hace más difícil
encontrarte entre tanto
polvo.

MALA HIERBA NUNCA MUERE

La última vez que fui a tu casa estabas con unos guantes de
  jardinero y una orquídea,
cortándole las raíces y quitándole las hojas.

Y entendí a la flor porque,
al igual que a ella,
a mí me estabas haciendo lo mismo.

SALVAVIDAS

Hace tiempo intenté imitar las intenciones que tienen los capitanes
   de hundirse con el barco,
mantener cerrado el botiquín de primeros auxilios y regalar los
   botes salvavidas.

Ya que cómo pretender que la gente muera por mí
si yo no estoy al borde del colapso
y a mitad de camino entre la tormenta y la próxima vida.
Sin haber pedido ayuda jamás.

Hace tiempo, en mitad del diluvio universal de la historia nacional,
lo que antes era la tripulación invencible del Mediterráneo
y el capitán más cobarde que pudiera haber guiado la luna;
ahora solo es un barco fantasma donde todos terminaron
   muriendo los unos por los otros.

Al grito de «*Hay otras vidas que salvar antes que la nuestra*», no quedó
   nadie por salvar.

¿DÓNDE TE HAS METIDO?

El buscarte se ha convertido,
en la rutina más cobarde que me he inventado.

Ahora me escapo de casa,
escribo poemas y duermo en la calle.
Una tarde desmonto los cajones del armario y otra me hurgo en
las heridas.

Trasnocho con la puerta abierta por si te trae el viento o los
perros mientras llamo a tu madre.
Al colegio, al cine y al panadero.

Mientras busco en el tren,
en la carretera que lleva a la playa,
en un país en el que no has estado y en uno en el que sí.

Bajo por si te han llevado al infierno y no veo a nadie.

Entretanto, te lleno la nevera,
barro los suelos y limpio la cocina.

Y los domingos echo cartas a un buzón que solo tiene tu nombre,
por si algún día te dignas a responder.

Para que me digas por qué no has vuelto.

Pero ni se te ocurra,
que ni se te pase por la cabeza,
decirme donde estás.

EL AMOR ES UNA BOLA DE NIEVE; Y EL MIEDO ES LA NIEVE

Yo imaginé que estabas con el agua al cuello y encontrabas una
piedra
que si se afilaba podía llegar a cortar.

Tú te encontraste cristales rotos en mis bolsillos y guardaste una
bala en la garganta.

Y pediste ayuda, mientras abrazabas mi chaleco antibalas y yo te
robaba las granadas de mano.

Ya he llamado a las autoridades y tú te has aliado con otras
patrias y banderas para defenderte de mí.

Ahora solo queremos
la guerra por el tiempo y el miedo invertido.

Porque no nos hemos hecho un rasguño, pero podríamos
borrarnos la existencia.

LA FRAGILIDAD DE LAS COSAS QUE DURAN PARA SIEMPRE

Hoy he pensado en las cosas longevas.
Sobre estar para siempre y ser más viejo que el mundo.

He llegado a la biblioteca y he leído sobre el tiempo,
las musas, los amigos, las fronteras y la distancia entre dos
    puntos.
He aprendido sobre la velocidad y a moverme de una persona
    a otra.

Lo que tiende al infinito me ha enseñado sobre cómo romperse
    de la manera correcta y
ahora cuando me preguntan mis años de vida ya no sé qué
    contestar.

Podría contar las veces en las que aquí dentro hacía sol y me
    brillaban los ojos.

O por el contrario solo sumar el tiempo
en el que sabía que había un corazón latiendo
porque dolía cuando lo hacía.

NO QUEDAN HEREJÍAS

He sentido el pecado
o más bien su dolor
cuando le doy a mi ego de comer
los restos carnales de los buses nocturnos.

Mirarme al espejo
equivale a tender con pinzas
mi alma ahora moteada con manchas oscuras
que simulan la piel de un depredador de la sabana
pero que se sienten como una presa.

Y si cuando llueva no quedaran nubes
con las ganas de componer
un espíritu descompuesto,
no quedarán herejías
que me salven
del infierno.

JURAMENTOS Y MOSCAS

Dime,
dime cómo reencarnarme en ti
y hacer que nazcas como yo.

Explícame,
explícame cómo volver a conocernos
y vivirnos otra vez entera.

Y prométeme,
prométeme que nos veremos
después de la muerte.

¿DÓNDE ESTÁ TODO EL MUNDO?

Hay cosas que no entiendo.
La gente lleva diciendo toda la vida que el infierno se estaba llenando,

pero aquí no hay nadie.

UN FANTASMA EN EL ARMARIO

Hoy he llegado a casa y me he encontrado a un fantasma en el armario,
parece que no sabe muy bien qué hace ahí
y mira, me mira como quien no entiende un idioma.

Está leyendo mis cartas y rebuscando entre mi ropa interior,
abre los cajones y se esconde en la esquina cuando entro al cuarto.
No creo que sepa leer, pero parece que ha aprendido a sentir,
cuando duele se hace más pequeño.

A veces se vuelve invisible, pero de momento no se ha ido del todo,
porque los recuerdos siguen oliendo a él.

Tengo un fantasma en el armario,
que no me mira, ni me escucha ni me oye.
Pero ha visto toda mi vida y ha decidido quedarse.

LA MUDANZA DE LA PENITA

Hay una pena penita
que me mira desde el balcón
tiene ojos caramelo
y el miedo de un sueño roto.

La pena penita es un espejo
agrietado que se agita,
cada vez que la llamo
golpea, patalea y grita.

Anda descalza la pena penita,
y va dejando su rastro de heridas
pisando los claveles y las orquídeas
enfadada porque no la dejo entrar.

Con pena la echo de menos
porque antes no era tanta pena.

Pero se hizo grande
y yo la miraba desde el balcón enfadado,
porque no me dejaba entrar.

ABISAL

He de creerte bueno
e imaginar que vives en una escala indefensa,
pobre y solitaria
desde donde puedo salvarte.

Y he de convencerme de que a ese tamaño no sabes hacer daño
porque si no no sabría explicar
qué hago viviendo como si fuera un submarino,
con esta falta de oxígeno
al fondo y a oscuras

sacándote de ese pozo
en el que nos has metido.

ENFERMEDADES RARAS Y UN MÉDICO
QUE SE SABE TU NOMBRE

Entre lo que pienso,
lo que quiero decir
y lo que digo,

de alguna manera te has construido un techo
y ahora no puedo hablar sin referirme a ti

y menos aún cuando me preguntan dónde me duele.

TIENE NÁUSEAS, JETLAG Y MALESTAR

Tengo a mi hermana enferma.
Lleva varios días con una fiebre alta que no la deja salir de la cama.

Cuando tengo tiempo,
le cambio el paño húmedo de la frente,
le doy de comer lo poco que sé hacer
y le hago compañía mientras le duele todo.

Aquí dentro hay un virus
y lo ha cogido mi hermana.
En los paseos le duelen las piernas,
en los juegos, las manos
y en la vida, el corazón.

Como si ya no pudiera hacer nada más que cuidarla,
porque la gente no entiende
que mi hermana ya no es como era antes
cuando podía saltar sin miedo a romperse un hueso
y la voz no se le quebraba al toser.

Entre pastilla y pastilla,
pienso en si es que no es lo suficientemente fuerte
y me he pasado los años criando a una niña débil, cobarde y endeble.

Pero cómo voy a enfadarme,
si tengo a mi hermana mala
y a mí tampoco se me cura nada.

TRADUCCIÓN E INTERPRETACIÓN

Contigo he hablado de lo que duele,
de las maneras que tiene el mundo de matarme
y sobre ser salvavidas.

Me has contado historias de tus fantasmas,
de las cosas que todavía no has enterrado
y de cómo es la vida cuando tu cama está en llamas.

O eso me ha parecido entender,
porque me he dado cuenta de que
llevamos hablando en idiomas distintos desde que nos conocimos.

Así que no sé qué es lo que he escuchado,
y qué es lo que me he inventado.

EL POST-ENTRENO DE UN ENFERMO

El cansancio que me dejó el huir de ti
ahora me baña en agujetas
los músculos de la espalda.

Qué es eso de haberme sentido más ligero
cuando te cargaba a las espaldas
ahora que arrastro la nostalgia,
la pena y el rencor.

EN UNA FUNERARIA

Deberías saber que lo que queda de ti está grabado en partes
en lo que parece ser un boceto de mi epitafio.

Tienes la cabeza en una estaca,
tus manos están atadas a la hoguera.
He encontrado tus piernas en la idea preconcebida
de lo que creo que será tu tumba.

Y la parte de ti que fingía que le importaba
está guardada bajo llave en la mesilla de noche.

Y es que en ningún momento pensé que
podrías ser capaz de seguir con vida
sin ninguna de las partes que usaste

para hacerme trizas
y para hacerme daño.

LA ROPA, LAS JOYAS Y EL RESTO DE LAS COSAS DEL MUERTO

La casa se me cae encima
por el peso de las cosas que has dejado.
Tengo montañas de ropa y sillas cojas que quieren echar a
    correr.
Y un olor a podrido en toda la habitación
que a veces se parece al tuyo.

Si no me he ido
es porque la nostalgia paga el alquiler.

Al final he terminado vistiendo otras pieles con la tuya,
pero recorrer una máscara da más frío que calor,

porque por mucho que haya voces que se te parezcan
no me miran como lo hacías,
ni llevando la ropa,
las joyas
y el resto de las cosas del muerto.

EL FUNERAL DE LAS COSAS BUENAS

He abierto el armario y me he vestido de negro.
Hace frío y no tengo abrigos porque te los llevaste tú,
junto con todas las cosas que había que cuidar.

Esas cosas ya no me escriben cartas,
no me dan las buenas noches
y no tengo manera viva de hablar con ellas desde aquí.

No sé dónde tienes guardadas las cosas buenas.
Si están en una caja fuerte para cuando vuelvas
o si las has enterrado bajo tierra

Y tengo que darlas por muertas.

Ahora me toca a mí sufrir un luto que no merezco,
rezar por una resurrección a los mismos dioses a los que les
     pedí conocerte,
olvidarme de lo que no existe

Y hacer caso al destino.

Pero no estoy preparado para llenar un ataúd vacío,
ni para pasar una pena que puede que no sea mía.

He visto cómo han pasado 75 días sin noticias.

Y necesito que vuelvas,
que me enseñes el cuerpo despedazado de lo que teníamos,
de tomar el pulso, buscar el aliento y mirarte a los ojos.

Tienes que volver
para empezar el funeral de las cosas buenas,
que también eran tuyas,

para que yo pueda llorarlas en una tumba,
que tiene tu foto,
y para que pueda firmar su acta de defunción
en la que en la causa de la muerte

ponga tu nombre.

PAGA UNA VELA CON LOS DEDOS

Incluso desde aquí me han llegado tus gritos
como si supieran dónde encontrarme,
para separarme de ti
y evitar repetir la catástrofe que fue

el juntar dos cuerpos
sin miedo ni cuidado
como quien aprende a mantener el calor
con fuego y gasolina.

BORDAR UNA MORTAJA

No se puede morir
si todavía llevas culpa
o no se han quebrado los huesos.

Tampoco si te salvan
o se quedan con las ganas de hacerlo.

Y menos si se quiere
como las mariposas
al fondo del estómago
o como un incendio
en mitad de la memoria.

Vuelve Hombre

VUELVE HOMBRE

Vuelve hombre

Vvelve hombre

Vuelve Hombre

Vuelve hombre

Vuelve Hombre

Vuelve Hombre

Vuelve Hombre

Vuelve Hombre

Vuelve Hombre

Vuelve Hombre

Vuelve Hombre

Vuelve Hombre

Vuelve Hombre

Vuelve Hombre

Vuelve hombre

Vuelve Hombre

Vuelve Hombre

Vuelve Hombre

Vuelve Hombre

VUELVE HOMBRE

Vuelve Hombre

Vuelve hombre

Vuelve Hombre

Vuelve Haumbre

Vuelve hombre

Vuelve Hombre

Vuelve Hombre Vuelve Hombre

Vuelve Hombre

Vuelve Hombre Vuelve Hombre

Vuelve hombre Vuelve hombre

VUELVE HOMBRE

Vuelve Hombre

Vuelve Hombre Vuelve Hombre

Vuelve Hombre Vuelve hombre

Vuelve hombre

Vuelve Hombre Vuelve Hombre

CAPÍTULO 3

LA PATRIA

EL GATO

Esta noche me he despertado
siguiendo la rutina que tengo escrita en el calendario
y con la que pretendo olvidarte.

Pero hoy ha venido el gato negro a mirarme desde la puerta
mientras te olvidaba pensando en ti.

Cuando me desperezo y me levanto
para hacer la rutina de ejercicios que me pinchan por dentro
y te sacan de mi esternón

el gato negro se sienta en el suelo y me recuerda las verdades.

Ahora tengo el sudor en la frente, la sangre en las manos, las
    lágrimas en los ojos
y a un gato negro encima de la cama
que se duerme entre las pocas partes de ti que me he
    conseguido arrancar.

Siempre me dice antes de que salga el sol
que no tiene sentido tener miedo de perder a alguien
que también me está olvidando.

Habla de un día en el que el funeral haya terminado,
cuando no me despierten arañazos ni felinos.
Y me promete llevarse la muerte de las cosas malas,
como se llevó la muerte de las cosas buenas.

Cuando termino agotado vuelvo a acostarme sabiendo que

mañana tendré agujetas en el alma
y el gato se habrá ido
y tú con él.

ESTE POEMA SE LEE AL REVÉS

porque yo me pregunto lo mismo
Y yo no sé qué contestar

ya no estés cerca.
y traer la paz
que juraste reinar
que cómo puede ser que tú,
ahora pregunta por ti,
Lo que daba por muerto

y me miran.

tienen tus ojos
porque las ruinas que has dejado

cómo te llamas a ti
debes llamarle a lo que me hace daño
estamos en deuda.

TARDAR

Hay una madre en la habitación de al lado,
que lleva en la mano su vida entera.

Se pregunta cómo es posible que todo lo que le queda se haya reducido
a cuatro paredes y una ventana que da al puerto.

Su vida también mira hacia el barco como si pensara como ella;
en que, si lleva todo lo importante encima,
se puede ahorrar el equipaje.

UNA VISTA MARAVILLOSA

Habiendo visto vida en otros planetas
aún espero que repitas tu órbita
de aquí a diez mil años

y vuelvas a impactarme
como quien intenta mirar al sol.

Que en vez de preocuparme de no verte
solo tenga que cuidar de salvarme de la muerte
y la extinción.

¿A QUÉ SABE UN CORTAFUEGOS?

Las chispas no tienen un manual de instrucciones que me
   ayuden a saber qué camino tomar.

Hacer vida entre ruinas implica que hay tramos devorados por
   las llamas
y que la esperanza y los gatos se esconden en el límite del frío y
   el fuego.

A estas alturas no creo que quede nada lo suficientemente vivo
   como para sobrevivir otro incendio.
A lo mejor debería dejar de esconderme entre hogueras
y dejar que entre el sol por el agujero que atraviesa mi casa
   desde el cielo.

Puede que sea más seguro calentarse con llamas más grandes
   pero que están más lejos,
que tener que volver a quemarme para aguantar el invierno.

EL QUE CRÍA CUERVOS

Te digo, niño,
que dejes la manía de cuidar pájaros,
que te anidan en la garganta
y terminan vendiéndote a ti mismo
con una suscripción de pago.

Te digo, niño,
que ya bastante ciego estás
como para que te coman los ojos.

INQUILINOS E IMPERTINENTES

He invitado al miedo a pasar la tarde donde no llueve.

Lleva desde el atardecer sentado esperando a que escampe.
El problema es que creo que no es consciente de que aquí se vive
    entre tormentas
y que estamos acostumbrados a echar de menos.

He convertido la cocina en una habitación de invitados,
aunque ahora ya no me llevo nada a la boca.
El casero dice que no puedo dejar la casa y no queda apenas sitio
    para los dos.

En un esfuerzo desesperado por recibir algo de oxígeno he
    tenido que salir
y en mitad de la lluvia he mirado arriba.

Así que, con la esperanza de que alguien me lleve a pasar la
    tarde donde no llueve,
he esperado solo
y con miedo.

A TODOS MIS FANTASMAS

A veces os hablo
y otras os sueño.

Como querubines en mi hombro.
Ya no sois agujas ni arañazos, tampoco una hoguera.
No podéis cubrir la lluvia ni tapar el sol,
desaprendisteis el cerrar las ventanas y el uso de armas blancas.

Pero de vez en cuando os cuento historias de niños que no conocéis,
que aún tienen los dientes de leche.
Cuando me despisto me raspáis las rodillas y cuando no, me miro
    como me mirabais.

El encontraros la falta hace mucho que dejó de tener sentido,
pero como si me hubieran trasplantado parte de las pupilas,
si cierro los ojos lo suficiente puedo veros como me veíais.

A veces os hablo
y otras os sueño.

Pero en el norte hace frío y tengo que resguardarme del tiempo.
Del tiempo entre los cipreses y las casas que todas eran las mías.

A todos mis fantasmas.

LAS MASCOTAS QUE LLEGARON CUANDO
TE FUISTE

Desde que coinciden en el tiempo
el periodo en el que ya no estás
y las veces que se hace de noche,
ya no cuido solo de mí.

Ahora tengo cuencos de comida, agua y hueco en la cama
para las mascotas que han venido cuando te fuiste.

Empezaron a llegar cuando lo fácil era echarte de menos,
llenaron los huecos entre los muebles
donde solías perderte
y yo solía buscarte.

Y vigilan la puerta mientras duermo
con atención y como si se cuidaran a ellos mismos.
Cierran la ventana, aunque fuera no llueva,
pero saben más que yo sobre nubes negras, truenos y cosas que
    lloran.

No tiene sentido buscarlos cuando sale el sol,
pero ahora las noches son menos oscuras
y yo ya no me cuido solo.

SOLO ES MI PRIMERA VIDA

Podré miraros por encima del hombro,
pero solo porque ando en brazos de mi madre.

Os recuerdo que solo soy un viejo,
os recuerdo que solo soy un hombre
y que solo soy un niño.

UN LIBRO PARA CAZAR A UN LADRÓN

Desde que desayuno mirando
faros fundidos
entiendo a los secretos que se esconden y a los vampiros.

La oscuridad no como refugio sino como veneno

donde los únicos antídotos
son la vergüenza, la muerte
o la guerra.

LOS SALMOS YA NO SE ESCRIBEN EN PIEDRA

No quedan leyendas
como las que nos contaban eternos.

Como cuando se veían brotar
flores justo donde se encontraban las voces
y los labios.

Y los mitos
que decían que nos vestían las ropas
traídas por gaviotas y gorriones
y que el agua del mar
se volvía dulce si saltábamos las olas.

No conozco la verdad
del tiempo que latía contigo
o del espacio que me respiraba

pero como quien olvida un cuento
tampoco recuerdo cómo terminó tu alma,
la mía
o la historia.

¿QUÉ VALOR TIENE UN REY SIN LAS JOYAS NI SU CORONA?

Al no saber si mi gente
seguía mi palabra o mi corona
desde que robaste todo lo que quedaba de valor
y desapareciste

no puedo mirar al pueblo a la cara
esperando el motín,
la revolución
y el golpe de estado.

Y si no fuera poco con
la desesperanza del reino en una mano
en la otra aguanto el miedo
de que en algún lugar
que puedo o no conocer

queda alguien con la capacidad
de destruirme por completo.

CINCO COMIDAS AL DÍA Y DOS LITROS DE AGUA

Habéis seguido sentándome en tronos
desde los cuales no me llegan los pies
al suelo
y me habéis dado la confianza
y la responsabilidad
de cuidar a la gente como me cuido a mí mismo.

Como si supiera quitaros el olor a octubre
y a mí,
el dolor.

A VECES AMANECES

Hoy me he despertado con la energía de las primeras veces
sacando los dientes por la ventana y diciéndole al Gigante del mundo
que la vida parece más fácil desde aquí arriba;

como si no llevara mil años en guerra,
me fallaran los brazos
y tuviera esguinzados los tobillos,
la vista,
y el corazón.

GUERRA CIVIL

He llegado al purgatorio y me ha recibido un niño que todavía no sabe leer,
lleva un paraguas en la mano que dice que es para protegerse de la guerra.
Tiene los cordones desatados y me mira como si no supiera quién soy.

En estas calles hay un vagabundo
que tampoco sabe atarse los cordones ni arreglarse los zapatos.
Se ha acostumbrado a ignorar a la gente que pasa
de la misma manera que el resto del mundo hace con él.

Y hay una casa que está medio derruida donde dicen que vive un poeta,
que solo sale los domingos a quemar la ciudad.

Ahí es cuando la gente sale a los balcones con antorchas.
Los portales se abren y vienen las musas a controlar el incendio,
sale una brigada del ejército a proteger el paraguas y se le da de comer al
    vagabundo.

De repente, no queda ni una calle que no sea partícipe de una batalla campal
en la que todo el que ha nacido aquí dentro sale a defender la ciudad
de todos aquellos a los que no les importa morir.

LO QUE NO ME CUENTA LA GUERRA

He buscado excusas que me sirvan para seguir durmiendo,
pero es casi mediodía y toda la tripulación llama al incendio y a mi
    ventana.
Me llevan buscando desde que salió el sol
y la única señal de vida que he dado en todo este tiempo
ha sido la esperanza de que no me he ido todavía.

La gente vive con el miedo de que me desvele y decida
    abandonarlos a su suerte,
llevándome conmigo las profecías que rezaban, los espejos y las
    mentiras
que hablan sobre «no-sé-qué» de siete años.

Pero antes de presentarme despierto en mitad de lo que parece ser
    el fin del mundo,
debería mirarme más hacia dentro y asegurarme de que aquí se
    está en paz.

Nunca he llegado a entender el camino que me llevó a ser el
    centro de todas las miradas,
pero si algo he aprendido es que antes de que abra los ojos,
el mundo entero tiene que haberlos cerrado.

ALEJANDRÍA

El problema de haber quemado la ciudad
es que he perdido las bibliotecas, los documentos y los diccionarios.

Ahora estoy rodeado de gatos y yo sin poder preguntarles
si les sobra alguna vida,
que yo ya estoy en la última.

ME LLAMA HOMBRE

Ha llegado el momento donde no me quedan excusas
para jurar lealtad, fe o venganza.

Creo que ya no soy el jefe del mundo que me prometía ser,
pero soy el líder del pueblo que ha decidido quedarse
y el enemigo de los que han decidido irse.

Antes pedía auxilio.
Ahora tengo un ejército.

Me dicen que ya la vida me ha hecho más hombre y menos invisible
y así no hay quien se esconda.

Pero ahora,
repito,
tengo un ejército.

DOMINGO DE RAMOS

Si algún día reunís la valentía suficiente como para volver a
    matarme,
para cuando me abráis en canal y me dejéis a corazón abierto
no quedará nada más que hacer en el mundo

Os digo que las guerras no tendrán sentido
y que el miedo se esconderá en sitios que dan menos vértigo.

Y yo me tomaré la muerte como un acto de creación en el que seré
todas las cosas que tengo dentro y que no podréis matar.

CARTA A LA RESURRECCIÓN

Escúchame, Hombre,
quítate esa soga del cuello y las cadenas,
baja desde el cielo desde donde pretendes caer y vuelve a pasear
    tus calles.

Vuelve, Hombre,
que llevas meses ahí fuera sirviendo a un dios al que no se reza en
    tu ciudad
y aquí nos estamos muriendo de hambre y sueño.

Nosotros también estamos echando de menos
las llamas que quedaron después del incendio y antes de tu
        muerte,
las chispas que te llevaste contigo y que nos dejaron sin luz
y las hogueras en las que quemábamos el dolor.

Tú también te has ido con las cosas buenas
y nos estamos muriendo de frío.

Vuelve, Hombre,
que necesitamos que nos cuides como no lo han hecho contigo,
que reconstruyas la ciudad que has apostado en la guerra
y que el destino ha decidido dejar en ruinas.

Entendemos que te pesen las penas,
por eso te hemos recogido la esperanza que se te ha ido cayendo
por el camino.
La tenemos guardada para cuando vuelvas.

TODOS LUCHAN POR MÍ

Contra quién te has revelado
con el pecador que te hizo deidad,
contra el dios que se creía justo,
o sus fieles.

Contra el niño que solo sabe jugar con la luz
o el anciano que escribe cancioneros.

Contra las musas que en mis sueños son artistas
y mi propio asesino que pagaste como sicario.

Hay guerras que no se ganan.

CAPÍTULO 4

LA JUSTICIA

ANTES DE LA INVASIÓN

El agua está temblando
y estoy siendo testigo de cómo se levanta la tierra.

Ahora solo queda lo salvaje, lo que duele, los recuerdos
y el ejército de mil hombres que están dispuestos a morir a las
    puertas del fin del mundo.

Ya no reconozco el camino que me ha llevado a la destrucción
    de todo lo que conozco,
pero si tuviera la capacidad de elegir,
hubiera terminado la guerra hace años.

Incluso antes de declararte enemigo de mi salud.

Desde arriba se ve la escena del reino al que le quedan dos
    horas para ser ruinas.
Porque todo y todos los que hay dentro de mí están a punto de
    alzar las armas
y entrar a quemar hasta lo que ya no arde.

Te he traído los monstruos que me llamabas, las dagas, los
    cuchillos, el amor, el odio.
Te he traído a tu niño, tus animales, tu casa.
Te he traído a ti, y te he traído a mí.

El tiempo tiene como único pronóstico el final de todo lo que
lleva sobreviviendo sin deber hacerlo.

Voy a alzar la voz, iniciar la guerra y morir si hace falta.
El ejército de mil hombres está dispuesto a matar por terminar
la historia donde tú y yo somos enemigos.

Y el único protagonista que queda, es el miedo.

VISIÓN NOCTURNA

He visto cómo cambian las cosas cuando hay poca luz.

Por la noche todos los ojos son pardos.

JUGUETES DE LA INFANCIA

Al fondo del armario,
entre los abrigos de mi padre
y las cosas del gato,
te tengo guardado.

Cuando voy a verte
a tu casa de caja de zapatos
estás pequeño, valiente, inofensivo
y sin miedo.

Simulo que puedo contarte
lo que ha durado el día
y cómo ha pasado la vida
antes de que la rompieras.

Otras veces solo te miro
jugar con la luz y el polvo.

Siempre que voy a verte
quiero quedarme un ratito más
porque tienes colgadas de las paredes
todas las cosas buenas
como si hubieras decidido no hacerme daño.

En el fondo sé que tú dejaste de venir a verme y
en el armario solo queda una esperanza que ya no tiene fuerza
    ni destino.

Y con ello me gusta inventar un final feliz
donde no me duela tanto
echarte de menos.

LA CALMA DESPUÉS DE LA TORMENTA

Cuando abro la ventana huele a tierra mojada,

como si la calma en verdad fuera
echar de menos la guerra.

Las plantas han dejado de crecer
desde que no las riegas tú con tus nubes,
pero parece que han decidido no marchitarse.

La maleta con tus cosas ha pasado a decorar mi cuarto
porque a estas alturas ya no huelen a ti
y han dejado de preguntarse cuándo ibas a volver a por ellas.

Ya le he contado todas las historias que tenía a la ciudad,
y ella ha hecho lo mismo.
Ahora nos dedicamos a mirarnos el uno al otro,
hacernos compañía y guardar silencio.

Cuando el mundo se está reconstruyendo,
el tiempo se para y el planeta gira más lento,

ya no se persigue a nadie
y el café dura más.

La gente se está empezando a olvidar
y levantan los ojos al cielo,

como si la calma en verdad fuera
echar de menos la guerra.

ANTEOJERAS

Igual que me pasa con los espejos
me has mirado tanto tiempo a la cara
que ya no me conoces.

Y eso que traías aprendido
el lenguaje no verbal
de la amenaza de los brazos,
la dirección de las rodillas
y las mentiras de la mirada.

COMO EN «LA LA LAND»

Hoy he soñado contigo.

Visitabas mi casa para darme los buenos días y contarme quién
eras.
Y hablábamos de todo lo que quiero decirte y me decías todo lo
que quería escuchar.

Parecía que hubieran pasado años desde que estuvimos en
guerra y nos mirásemos
como si necesitásemos una paz que se pueda recorrer a pie
entre tu ciudad y la mía.

Sacábamos las cartas, el dolor,
las cosas buenas y las cosas malas,
la muerte, la confianza, el destino y la esperanza.
Y todo era de verdad.

Cogíamos el coche y recorríamos la vida entera
y teníamos un final que no era el mejor, pero era el que
merecíamos.

Ahora que estoy despierto,
los sueños no se han visto con la fuerza suficiente como para
olvidarnos de las batallas.

Porque ahora yo estoy librando las mías
y tú, las tuyas.

Al menos puedo decir que he vivido el final que necesitaba.
Aunque haya durado una noche
Y solo me acuerde de la mitad.

LA MORALEJA

Cómo pretendía que me volvieras a ver,
si me hacías más pequeño cada vez que te asustabas.

Así terminamos,
yo cambiando tu nombre por Cobarde
y tú quitándome el mío.

EL CANTO DEL CISNE

Al final todas las cosas,
las buenas y las malas
cobran su sentido.

Pierden su importancia
y se quedan en lo bonito.

Si la muerte acecha
te perdona la guerra
y te regala la piedad de todo el tiempo que queda.

Las nubes que se compadecen
se quedan en sus baúles,
y el viento, el ruido y el gigante
hablan más bajito, como pidiendo perdón.

Porque no se puede hablar de la tormenta
sin hablar de la calma,
como se habla de los atardeceres,
los cisnes
o los finales.

Hablar con la paz por la ventana
sabiendo que las treguas no duran para siempre.

Para decirte que el único camino que lleva al infierno está en el cielo.

MORTAL

Cómo pretendes que me llame humano
o que sepa dónde encontrarme,
si todavía me pierdo en lo que pienso
con la manía de bordar la ropa vaquera.

No puedo buscarme trascendental,
intenso, infinito o eterno
si tengo que adivinar qué hacerme para cenar
y las horas que dormir.

Qué tiene que ver que quieras que llame Dios al cielo
con el dolor que traigo desde niño.
O que me digas que la paz la tengo guardada en las entrañas de
    uno mismo,
si todas las veces que he rebuscado en mis tripas solo he terminado
con las heridas abiertas, órganos rotos y sangre en las manos.

Y más aún cuando a estas alturas
ya no soy ni uno,
ni yo mismo.

SI VIVIERA PARA SIEMPRE

¿Te acuerdas de las escaleras dónde empezó todo?
Pues he seguido subiendo.
Ahora confundo niebla con nubes, los cristales de las gafas
    empañados por el vaho
y el estómago encogido por el vértigo.

Cuando llueve no llega el oxígeno,
pero de noche esto es una obra de teatro entre las chispas de
    arriba y las de abajo.

Te encantaría esta vista
si no fuera por el miedo que le tienes a los truenos.

Como el que te guardas en la manga,
como con el que me dejaste temblando.

SIENTO COMO UN METEORITO

Un meteorito que no es la piedra sino el fuego,
que juega con el tiempo para suceder poco antes de cada extinción.

Y deja un cráter cuando impacta.

LOS RESTAURADORES TRABAJAN MÁS CON LA EDAD

Tal vez si me hubiera mantenido
quieto en el sitio
aguantando la compostura,
los golpes y las caricias

me hubieran colocado,
con suerte,
en algún museo
que se cruce,
por casualidad,
con tu itinerario.

LA LEÑA MOJADA NO PRENDE

Si te dijeran que llueve,
abre la puerta y mete dentro de casa la madera,
los libros, las velas y a la luna;
que le dan miedo las tormentas.

Entra a los perros,
que hace frío.
Y pasa al miedo,
que es peligroso que se quede fuera.

Si vieras las nubes negras, llenas, rebeldes
con la forma de una cerilla.
Si no vieras el cielo,

enciérranos dentro
y quédate fuera.

Míralas a los ojos,
y que te miren de vuelta.

Apunta, escucha, escribe, aprende.
Y, si no, arde con ellas.

VIACRUCIS

Volverme pagano por no creer,
después de que pidiera misericordia
a un dios que me inventé con tu nombre.

Tratándote de omnipotente
y siendo yo el que estaba en la cruz.

LAS PROFECÍAS SE ESCRIBEN EN BRAILLE Y LAS LEEN LOS MUDOS

Tú me hablabas de agua y de soles que no secan la pintura.
Pero también de miedos de verano, arena y de sus huellas en ella.

Yo te hablo de la luz que se cree que sabe nadar y se pinta.
La que se derrite y piensa que morirse deja sombra y no penumbra.

Yo no escribo tu mundo como escribo el mío,
pero si la luna volara y tú bajaras de dios
enterraría la sangre de tus talones en el mismísimo corazón
de la tierra.

OCHENTA DÍAS DE CUARENTENA

Lo que te ha mantenido vivo
y coleando
ha sido la distancia
y el destierro.

Mandarme lejos
te ha mantenido a salvo.
Pero menos mal
que la vida es justa
y la tierra redonda.

SECRETOS DE CONDENA

Dime ante qué juez,
ante qué dios
confesarías mi muerte.

Cuánto más grande
debo hacerte la condena
cuánto más valor debo darle a mi vida
para que sientas la culpa,
el remordimiento y el asco
por quitármela.

Porque cómo creer en la Justicia
si tropiezas con los pecados
y los delitos
y sin saber cómo
haces que sea yo el que se caiga.

APAGAR LAS BOMBILLAS DE UN MORDISCO

Te siento con la peligrosidad
de un cable pelado.
Porque en la chimenea que me ha ahumado las venas hay un infierno
en el que también llueve.

Pero qué distinta suena la tormenta
desde lejos y la electricidad que te sisea
al oído.

INVIERNO NUCLEAR

Os habéis protegido de terremotos y oraciones
a un dios al que no prometéis ninguno de vuestros ojos.

¿Escucháis cómo cruje?
Construir un búnker con las paredes
que os han sobrado de arrancarme las catedrales
han llenado vuestro refugio de grietas.

El invierno no dura para siempre,
el hielo se derrite
y el agua se filtra.

Y el agua se cuela.
Y yo con ella.

SAPRÓFITOS

Los instintos más primitivos
se defienden contra la evolución
para no acabar como el resto
de causas perdidas.

Tengo el olfato dirigido hacia ti
para detectarte en el camino
como quien caza de noche
gatos pardos.

Y acepto el pacto
de cambiar de hábitat,
de hongos y depredadores.
Volverme más vulnerable
y enfrentarme al resto de la naturaleza

para cuando tú y yo
seamos pasto
y gusanos.

NO ME PIDAS FE SI NO ME CONCEDES MILAGROS

He conocido todos tus pecados
porque te has empeñado en
venir a verme arrodillado
y genuflexionando el alma
como un cristal quebrado.

Ahora me tomas como un confesor
y me das la fe de expiarte carga
creyéndome dios.

Pero no me has construido catedrales
ni rendido pleitesía.

Porque yo no he sentido como humano
tu dolor más el mío
para que te dé miedo tu penitencia
y solo sepas orar
en tono de burla.

VIOLENCIA EN MANO

No has tenido mejor idea
que alimentarme cuando no me quedan
madrigueras,

y confundirme con actos de venganza
y palabras de amor para que me llene de rabia la calma
esa paz remendada que vistes
y la cara beatificada por un arma de fuego.

cómo saber si te quiero
si no hay dolor de por medio.

Oblígome a amenazarnos
y declararme como nuestro verdugo
pidiendo un rescate a la misma cuerda
que nos ata a las vías del tren.

Porque antes de sangrarme tu tortura,
me esbozaré la mía en la espalda
con clavos ardiendo
y acabaré con tu vida
como forma de autosabotaje.

LAS CONSECUENCIAS DE CONSTRUIRSE
UN LABERINTO Y OLVIDARSE DEL HILO

He temido a la vida
y por eso he huido de ella hasta los sitios
donde sabía que no me iba a encontrar.

Porque cuando me sentía vivo
miraba al sol de reojo
y luego me pasaba dos meses más ciego y menos sabio.

He tenido la necesidad de correr más rápido.
Si me he montado en trenes, aviones, cohetes, barcos y ascensores
ha sido para esquivarme más viejo.

Pero ahora, con la mitad de años que mi madre,
las rodillas me gritan y la cadera me cruje
me duelen los pies,
la cabeza y el alma.

El estómago me dice que estamos en ayunas por no comer
y el niño que ha pasado hambre por no vivir.

Así que ahora en lo alto de todo lo que he escalado

hoy me paro.

Y si vierais la vista desde aquí se os saltarían las lágrimas,
porque estoy con las piernas cruzadas, sentado en el suelo
con los ojos abiertos y los pulmones llenos.
Pero parado.

—Aquí paro a esperarte, vida, a ver qué me tienes que decir si
    me has perseguido desde que gateo. —

He recorrido un camino tan largo que se ha convertido en un
    laberinto
que lleva demasiado tiempo recorrer si no huyes.
Y entre ese laberinto ahora hay una ciudad en ruinas
con unos habitantes que no saben cómo salir de aquí.
Pero hoy se han parado a mirar hacia arriba.

Porque en lo alto hay un hombre quieto
que espera a la vida
que ve todo el laberinto
y ahora sabe cómo volver a casa.

LLAMADA DE APOYO A TODAS AQUELLAS HISTORIAS QUE NO SON BONITAS

Esta es la última historia en la que apareces.

Porque pienso escribirte sin embellecerte,
en una historia triste, dolorosa, cobarde y a la que le da
    vergüenza mirarse al espejo.
No es una historia bonita,
pero ahora no importa.

Los papeles que he gastado intentando plasmarte de la manera
en la que yo tuviera menos cicatrices y tu más caretas
me han dejado sin leña para el verano.

Y he pasado frío.

Por eso estoy escribiendo una historia que no es bonita
rápido y sin miedo,
prendiendo fuego al bolígrafo y a su tinta.

Vas a salir de aquí por la fuerza de los mil hombres a los que
    has matado
y en un barco lleno de historias tristes.

Yo en mi biblioteca voy a dedicar una estantería para guardar
    todas las vidas que no acabaron bien,

y poco a poco los libros harán los muros más anchos
y se resistirán al resto de tormentas.

No existiría un desenlace si no hubiera habido nudos, huidas y
trincheras,
al igual que no hubiera habido fuego si no tuviera a las musas,
los dragones y a las estrellas de mi parte.

Nos hemos esforzado en escribir la historia más fea que ha
podido existir
y titularla con tu nombre.

Porque escribir las historias sirve para no olvidarlas,
pero también para ponerles punto final.

EL BANDO EQUIVOCADO

Hay guerras que no se ganan.

En esta ha dado igual la voluntad de mi ejército,
los esfuerzos de los civiles
y el miedo de las calles.

Te prometo que todos los seres de mi ciudad
íbamos de cabeza a salvarte de ti,
a protegerte con nuestra vida
a quererte a quemarropa.

Pero hay guerras que no se ganan
por mucho que Dios diga lo contrario.

UN DÍA CUALQUIERA

Por mucho que te acostumbres a la guerra,
a los cañonazos y las alarmas
nunca dejas de tener miedo a la muerte.

Cuando no hablan los pájaros ni los árboles,
y no encuentras sentido, esperanza ni cordura
a las excusas que sabes que te dejan de cobarde
por seguir escondido en una habitación que está en ruinas.

Ni habiendo sobrevivido a incendios, balazos y cuchilladas,
de pensarte fuerte por haberte enfrentado a ejércitos tú solo
y haberte salvado del daño.
Te das cuenta de que no has sido más que un niño perdido e
    invisible
cuando te ha atacado el destino.

En forma de tormenta
y de la lluvia más fría
y los vientos más fuertes.

Tú con unos muros que no soportan tempestades
y un alma agrietada que deja pasar el agua
y también se moja por dentro.

Cómo se aguanta con vida
si la misma vida es tu enemigo
y tienes que enfrentarte al tiempo,
que solo avanza
y a la tormenta,
que también
pero estás atado de pies y manos a la cama para no salir volando.

Un día cualquiera
comprendes que la muerte nunca ha estado detrás de las bombas
    o el fuego,
sino que se tumba a tu lado,
guardando el frío
y espera resignada y triste,

porque como tú,
nunca ha estado libre
y solo le queda esperar al destino.

ÍNDICE

Si yo me contara 9

CAPÍTULO 1. LA GLORIA
Los niños se raspan las rodillas 13
El gigante 14
Cómo ganar a un sueño 15
La dignidad 16
Mamá me decía 17
Hijo de nadie 18
De donde no soy 19
Hasta dónde 20
Volver 21
El reino de los cielos 22
La vuelta al mundo 23
Fábula de una huida 24
Hay un laberinto 25
Esta armadura 26
Un poco de hospitalidad 28
Compartir el ego 29
Perder contra un ratón 30
Si lo cortés 31
La historia 32
Escribir 33
Si me das la oportunidad 35

Tres mazos de cartas 36

La caja elísea 37

Gemelos, mellizos y siameses 38

El amor es ciego 39

Peticiones para una homilía 40

CAPÍTULO 2. LA MUERTE

El astronauta 45

Trapos sucios 47

Mala hierba nunca muere 48

Salvavidas 49

¿Dónde te has metido? 50

El amor es una bola 52

La fragilidad 53

No quedan herejías 54

Juramentos y moscas 55

¿Dónde está todo el mundo? 56

Un fantasma en el armario 57

La mudanza de la penita 58

Abisal 59

Enfermedades raras 60

Tiene nauseas, jetlag y malestar 61

Traducción e interpretación 63

El post-entreno de un enfermo 64

En una funeraria 65

La ropa, las joyas 66

El funeral de las cosas buenas 67

Paga una vela con los dedos 69

Bordar una mortaja 70

CAPÍTULO 3. LA PATRIA

El gato 75

Este poema se lee al revés 77

Tardar 78

Una vista maravillosa 79

¿A qué sabe un cortafuegos? 80

El que cría cuervos 81

Inquilinos e impertinentes 82

A todos mis fantasmas 83

Las mascota 84

Solo es mi primera vida 85

Un libro para cazar a un ladrón 86

Los salmos 87

¿Qué valor 88

Cinco comidas 89

A veces amaneces 90

Guerra civil 91

Lo que no me cuenta la guerra 92

Alejandría 93

Me llama hombre 94

Domingo de ramos 95

Carta a la resurrección 96

Todos luchan por mí 98

CAPÍTULO 4. LA JUSTICIA

Antes de la invasión 103

Visión nocturna 105

Juguetes de la infancia 106

La calma después 108

Anteojeras 110

Como en «la la land» 111

La moraleja 113

El canto del cisne 114

Mortal 116

Si viviera para siempre 117

Siento como un meteorito 118

Los restauradores 119

La leña mojada no prende 120

Viacrucis 121

Las profecías 122

Ochenta días de cuarentena 123

Secretos de condena 124

Apagar las bombillas 125

Invierno nuclear 126

Saprófitos 127

No me pidas Fe 128

Violencia en mano 129

Las consecuencias 130

Llamada de apoyo 132

El bando equivocado 134

Un día cualquiera 135